PHILOCALIE LAIQUE

ET

DEFENSE

DE LA REPUBLIQUE

Jean-Yves ARCHER, Economiste,

Janvier 2015

ISBN: 978-1507668375

Pour contacter l'auteur : cabinetarcher@orange.fr

LIMINAIRE :

Pour épouser de leurs intérêts évidents notre République, certains sont impudiques et se lancent dans d'épiques charges héroïques à fondement parfois pathétique.

La République, notre bien commun illustre, mérite mieux. D'évidence.

Elle suppose rectitude et dépassement de soi pour nouer un dialogue intime avec les figures emblématiques de notre Histoire, de ces moments que nous avons tous en partage du fait de notre lien de fraternité.

La République est indissociable de la défense acharnée et incarnée des Libertés publiques et de la quête toujours complexe de l'égalité, valeur absolue d'application si relative.

Avec l'intensité de la crise économique, la République mérite d'être défendue à plus d'un titre.

Ce livre tente de faire partager, aux citoyennes et citoyens, des moments chaleureux de l'escalier majestueux de la République de France, celle qui appelle donc défense et combat intense.

39 marches constitueront ce parcours.

39 : année de décès de Sénèque l'Ancien.

" La vie se divise en trois temps : le présent, le passé et l'avenir.
Le présent est court, l'avenir incertain ;
le passé seul est assuré : car sur lui la fortune a perdu ses droits;
Et il n'est au pouvoir de personne d'en disposer de nouveau. "

De la brièveté de la vie (De Brevitate vitae)

DEFINITION :

Selon Wikipédia :

" Une philocalie (du grec signifiant *"amour de ce qui est beau"*, au sens où, en grec, le Beau se confond avec le Vrai et le Bon) est une anthologie de textes édifiants, visant à élever l'âme des chrétiens.

On reconnaît traditionnellement deux philocalies :

☐ la *Philocalie d'Origène* qui est une anthologie du théologien alexandrin réalisée par Basile le Grand et Grégoire de Nazianze ;

☐ la *Philocalie des Pères neptiques*, anthologie de textes sur la prière, réalisée en grec par Nicodème l'Hagiorite et Macaire de Corinthe en 1782. Cette philocalie a été traduite en plusieurs langues, dont le slavon, le russe, mais aussi, le roumain, le français, l'anglais. "

Ici, il est donc suggéré au lectorat une anthologie de textes tournée vers l'amour de la République française, laïque et inscrite dans sa dimension historique.

Puisse cette République que nous chérissons intensément voir le Beau se confondre, se superposer au Vrai et au Bon.

Il n'est jamais trop noble que ce parti pris.

Par ces temps de déclassement social et de désespérances, la crise impose de renouer avec la République dans de nombreux territoires.

La crise, sujet à traiter avec componction, est une mutation comme le dit l'éminent Michel Serres.

Alors réussissons ensemble cette mutation, ce changement.

Pensons aux Printemps des peuples (arabes ou de 1848), pensons à cet été de 1936 et à ses travailleurs dont les familles découvraient – enfin – la mer, pensons au rang de notre Nation dont le déclin affirmé par certains doit être analysé avec parcimonie et méthode, pensons à la vie et à la chaleur des âmes de France venues d'ici et d'ailleurs.

" Votre œil me fait un été dans mon âme " Pierre de Ronsard, ("Amours de Cassandre ").

TABLE DES MATIERES

11) François Furet

12) Guy Carcassonne

13) Un économiste indépendant

14) Louis Massignon

15) André Malraux et Jean Moulin

16) Pierre Bourdieu

17) Georges Pompidou

18) Jean-François Deniau

19) Umberto Eco

20) Hadj Khelil

21) Taine

22) 697 ministres

23) Jürgen Habermas

24) Françoise Giroud

25) Marguerite Yourcenar

26) Henri Bartoli

27) Carl Jung & Antoine Riboud

28) Philippe Herlin

29) Laplanche & Pontalis

30) Gérard de Nerval

31) Charles Floquet

32) Frédéric Bastiat

33) Jean de Beaumont

34) François Mitterrand

35) Bossuet

36) Table de Teschen

37) Georges Pompidou

38) Bienheureux Raymond Lulle

39) Léon Blum

Léopold Sédar Senghor

Député à Paris, Président à Dakar

La démocratie chevillée au corps

Encore et encore...

" *Comment situer ce socialisme africain, tel que vous venez de le définir, dans le cadre général de la pensée et de la pratique socialiste à l'échelle mondiale ?*

- J'y ai répondu en partie, car le socialisme mondial, du mois le socialisme démocratique, a un grand souci de la culture. C'est un socialisme enraciné : " à visage humain ", comme on dit aujourd'hui. Il faut toujours partir de la Révolution de 1889 (ndlr : centenaire des Etats Généraux de 1789). Je ne reviendrai pas sur ses aspects épistémologiques, scientifiques, mais sur ses aspects artistiques et littéraires, en les considérant successivement en Europe et en Amérique, mais aussi en y montrant ses rencontres avec l'Afrique noire. Nous ne referons pas ici, le récit de Picasso (ndlr : auteur de Guernica) " saisi ", pour parler comme l'Allemand Leo Frobenius, par un masque " baoulé". C'est à partir de cet ébranlement, de l'art nègre perçu comme art de *l'être*, de l'émotion et de la forme en même temps que Picasso a créé, véritablement, avec "Les Demoiselles d'Avignon", en 1907, ce qu'on appellera " l'école de Paris ". C'est ce saisissement et cette tectonique qui constitueront, avec l'esthétique, l'art même du XXème siècle.

On n'a pas assez mis l'accent sur la *culture noire* elle-même – je ne dis pas son influence – que des ethnologues européens – allemands, français, anglais – commencèrent de révéler à la fin du XIXème siècle et au début du XXème, bien que l'Abbé Grégoire, l'anti-esclavagiste, eût écrit, déjà en 1808, un livre intitulé "De la littérature des Nègres" – et non " des Noirs " comme je l'ai écrit quelquefois. " (La poésie de l'action, P. 206 et 207, 1980, Stock).

Le Président Senghor ou la République comme clef de l'épanouissement citoyen avec en filigrane l'acceptation des échanges culturels entre les peuples donc une leçon, in vivo, de tolérance démocratique.

" Une démocratie est d'autant plus solide qu'elle peut supporter un plus grand volume d'informations de qualité ". Louis Armand (Plaidoyer pour l'avenir, Calmann-Lévy)

Jacqueline de Romilly

Femme de Lettres, femme de lucidités

Les travaux des déclinologues sont d'inégale exactitude voire sérieux méthodologique : on ne compare donc pas Nicolas Baverez au polémiste Eric Zemmour et à son désormais connu : " Suicide français ".

L'Europe va mal et la France semble mal embarquée depuis plus d'une décennie.

Pour autant, le déclin est un concept relatif qui ne permet pas d'effectuer l'étiologie des défis de France.

Chacun de nous connaît bien ses défauts;

En convenir, c'est autre chose :

On aime mieux souffrir de véritables maux

Que d'avouer qu'ils en sont cause.

Florian (" Fables ", " La Taupe et les Lapins ").

" J'ai écrit ce livre parce que je suis lasse du pessimisme vraiment sinistre de trop d'ouvrages qui se publient actuellement et de trop de propos qui s'échangent de façon quotidienne. Le monde ne va pas bien, c'est vrai ; les misères se révèlent chaque jour plus nombreuses dans bien des pays ; la situation même de la France n'est pas à tous égards excellente. Mais devons-nous nous laisser aller à ces perpétuelles descriptions de l'horreur et, qui plus est, à un découragement inutile ? Je reçois et je me fais lire trop de livres consternants pour ne pas avoir désiré, moi la vieille dame, inviter le lecteur pour une fois à un moment de détente, si futiles qu'en soient les causes. " (" Le sourire innombrable ", Editions de Fallois, 2008, p. 16).

" Là où il n'y a plus d'amélioration possible, le déclin est proche. " (Sénèque, " Consolations ").

La France aurait-elle épuisé le capital de ses " améliorations possibles " ?
Non, en analyste vigilant et en citoyen lambda , je ne me résous vraiment pas à cette idée lapidaire.

François Mitterrand

L'Europe plutôt que le nationalisme

" Il se trouve que les hasards de la vie, ont voulu que je naisse pendant la première guerre mondiale et que je fasse la seconde. J'ai donc vécu mon enfance dans l'ambiance de familles déchiréesqui toutes pleuraient des morts et qui entretenaient une rancune et parfois une haine contre l'ennemi de la veille. (...) Il faut donc absolument transmettre. Vous êtes vous-mêmes nombreux à garderl'enseignement de vos pères, à avoir éprouvé les blessures de vos pays, à avoir connu le chagrin, la douleur des séparations, la présence de la mort, tout simplement par l'inimitié des hommesd'Europe entre eux. Il faut transmettre, non pas cette haine, mais au contraire la chance des réconciliations que nous devons, il faut le dire, à ceux qui dès 1944-1945, eux-mêmes ensanglantés,déchirés dans leur vie personnelle le plus souvent, ont eu l'audace de concevoir ce que pourrait être un avenir plus radieux qui serait fondé sur la réconciliation et sur la paix.

C'est ce quenous avons fait.Je n'ai pas acquisma propre conviction comme cela, par hasard. Je ne l'ai pas acquise dans les camps allemands où j'étais prisonnier, ou dans un pays qui était lui-même occupé comme beaucoup. (...) Il fautvaincre ses préjugés. Ce que je vous demande là est presque impossible, car il faut vaincre notre histoire et pourtant si on ne la vainc pas, il faut savoirqu'une règle s'imposera, Mesdames et Messieurs : le nationalisme, c'est la guerre !

La guerre ce n'est pas seulement le passé, cela peut être notre avenir, et c'est vous, Mesdames etMessieurs les députés, qui êtes désormais les gardiens de notre paix, de notre sécurité et de cet avenir ! "

François Mitterrand, *discours devant le Parlement européen en date du 17 janvier 1995.*

Jean-François Revel

Le rapport à l'Histoire

" On a grassement daubé Charles Renouvier, ce philosophe oublié qui, au XIXème siècle, écrivit un livre au titre d'une prometteuse emphase : " Uchronie, ou l'histoire telle qu'elle n'a pas été, telle qu'elle aurait pu être ". Et pourtant, si l'on professe que l'histoire n'aurait pas pu être autre qu'elle n'a été et qu'il est oiseux de se poser la question, alors à quoi sert l'action, quelle utilité ont les Etats, quelle réalité les individus ? " Uchronie " est un mot évidemment forgé sur le patron de " L'Utopie " de Thomas More. " Utopie " signifie : " qui n'est d'aucun lieu "; "Uchronie " : qui n'est d'aucun temps.

Sottise, paraît-il, que de se demander si l'on n'aurait pas pu infléchir, voire créer l'histoire. Elle a un sens, dit-on (ndlr : pour Karl Marx) et on ne saurait, si l'on veut y creuser sa niche, qu'aller dans ce sens. Je ne sais si les politiques, les politologues et les historiens mesurent bien les conséquences pratiques et théoriques de cette philosophie de la carte forcée."

Jean-François Revel, (" Mémoires, Le voleur dans la maison vide ", 1997, Plon, pages 253 et 254).

" En 1989, l'incroyable et ironique coïncidence qui liait le bicentenaire de la Révolution française et la chute du mur de Berlin faisait une nouvelle fois basculer l'Histoire." (in " Le suicide français ") Pour Eric Zemmour, c'est une coïncidence. La rationalité est bonne conseillère – je lui concède bien volontiers - mais au regret d'imposer un propos personnel appuyé , je reconnais qu'avec des amis proches nous n'avons pu contenir, en 1989, quelques larmes de joie en pensant à la liberté retrouvée en RDA. Oui, c'est une coïncidence avec notre Révolution de 1789 ou alors un clin d'œil des esprits des Lumières qui ont éclairé, telle la voie lactée, ce pan de voute céleste de 1989. Avec en prime de la sagesse sans limite du président Gorbatchev l'activisme d'un pape venu de l'Est.

Quelle puissance harmonieuse !

Que de questionnements sous-jacents !

Les hommes de Raison face aux mines dérivantes de l'Histoire qui sait être porteuse de périls.

- 5 -

Jacques Chaban-Delmas

L'optimisme de la volonté, le pessimisme de l'intelligence (A. Gramsci).

" Le malaise que notre mutation accélérée suscite tient, pour une large part, au fait multiple que nous vivons dans une société bloquée. Mais l'espoir, qui peut mobiliser la nation, il nous faut le clarifier, si nous voulons conquérir un avenir qui en vaille la peine.

De cette société bloquée, je retiens trois éléments essentiels, au demeurant liés les uns aux autres de la façon la plus étroite : la fragilité de notre économie, le fonctionnement souvent défectueux de l'État, enfin l'archaïsme et le conservatisme de nos structures sociales.

(...)

Tentaculaire et en même temps inefficace : voilà, nous le savons tous, ce qu'est en passe de devenir l'État, et cela en dépit de l'existence d'un corps de fonctionnaires, très généralement compétents et parfois remarquables.

Tentaculaire, car, par l'extension indéfinie de ses responsabilités, il a peu à peu mis en tutelle la société française tout entière.

(...)

Le résultat de tout cela ? C'est d'abord le gonflement des masses budgétaires. C'est ensuite, pour les partenaires de l'État, un encouragement à la passivité et à l'irresponsabilité.

Et si encore toutes nos interventions, qu'il s'agisse de prélèvements fiscaux ou des subventions publiques, atteignaient leur but ;

Mais il s'en faut de beaucoup.

Notre système fiscal est ressenti comme étant à bien des égards affecté par l'inégalité et faussé par la fraude.

(...)

Ce tableau a été volontairement brossé en couleurs sombres. Je le crois nécessaire, comme je crois aussi que les Français sont aujourd'hui en état de le considérer et d'en tirer les leçons. C'est aussi parce que j'ai la conviction que nous entrons dans une époque nouvelle, où de grands changements sont possibles, et qu'en accord avec le Président de la République, avec le Gouvernement tout entier et, je l'espère, avec votre appui et votre soutien, j'ai la volonté d'entreprendre ces grands changements.

On me dira qu'il ne faut pas sous-estimer l'importance des forces de résistance au changement.

Je le sais bien. Il y a un conservateur en chacun de nous, et ceci est vrai dans chacune des tendances de l'opinion, y compris celles qui se réclament de la révolution.

(...)

Comment chacun de nous n'aurait-il pas, sur tel ou tel point, un réflexe de conservation ? Réflexe d'autant plus justifié que nous avons, en effet, bien des choses excellentes à conserver. Car nous sommes un vieux peuple, et nous avons beaucoup accumulé.

Et pourtant, je suis certain que nous devons

aujourd'hui nous engager à fond dans la voie du changement.

Il y a à cela deux raisons principales :

La première est que, si nous ne le faisons pas, nous nous exposerions à un avenir qui ne serait guère souriant.

D'une part, nous risquerions de « décrocher » durablement par rapport aux grands pays voisins qui, par suite de circonstances diverses, ont commencé plus tôt que nous la révolution du développement économique et qui sont bien décidés à la poursuivre. Et il n'y a pas loin du retard économique à la subordination politique.

D'autre part, notre existence en tant que nation serait elle-même menacée. Nous sommes, en effet, une société fragile, encore déchirée par de vieilles divisions et, faute de pouvoir maintenir notre équilibre dans la routine et la stagnation, nous devons le trouver dans l'innovation et le développement.

La seconde raison, la raison positive, c'est que la conquête d'un avenir meilleur pour tous justifie à elle seule tous les efforts, tous les changements.

Il y a peu de moments dans l'existence d'un peuple où il puisse autrement qu'en rêve se dire : « Quelle est la société dans laquelle je veux vivre » et aussi construire effectivement cette société.

(...)

Le nouveau levain de jeunesse, de création, d'invention qui secoue notre vieille société peut faire lever la pâte de formes nouvelles et plus riches de démocratie et de participation, dans tous les organismes sociaux comme dans un État assoupli, décentralisé, désacralisé. Nous pouvons donc entreprendre de construire une nouvelle société. "

Jacques Chaban-Delmas (discours de politique générale prononcé devant l'Assemblée Nationale, le 16 septembre 1969.)

Pertinence du constat, actualité des défis, révolution technologique et société nouvelle.

A nous tous d'en faire une " nouvelle " société, une République la plus achevée possible.

" Une société qui ne valorise pas un sentiment peut l'éteindre ou l'étouffer au point de l'anéantir complètement dans de nombreux cœurs " (Elisabeth Badinter, " L'Amour en plus ", Flammarion).

A rapprocher des analyses de Brice Teinturier ou de Roland Cayrol sur les poussées abstentionnistes en France.

- 6 -

Erik Orsenna

Vices et vertus : "La fable des Abeilles " (Mandeville)

" Il était une fois un vieux cauchemar. Bien cruel, bien humiliant, bien ennuyeux. Vous avez reconnu sa famille : *un cauchemar scolaire.* Je croyais l'avoir écrasé sous le poids des années, je croyais l'avoir égaré dans tous mes voyages, je croyais l'avoir intimidé par ce bel habit vert-jaune. C'était mal connaître la nature indestructible de ce malveillant compagnon.

Après un été pluvieux, septembre 2000 ne s'annonçait pas vilain. La séance du dictionnaire venait de s'achever sur le mot « ministre ». Un rayon de lumière pâle frappait doucement, presque tendrement, l'épaule de Jacqueline de Romilly. Avec mes voisins, François et Jean-Marie, nous évoquions nos graves sujets habituels : l'audace des femmes mariées et les tracas de la République. Bref, un jeudi comme les autres, de très bonne compagnie. Rien n'annonçait l'épreuve.

Soudain, dans l'air tiède de l'automne, une voix s'éleva, féminine et perpétuelle :

— Et qui va prononcer, cette année, notre éloge de la Vertu ?

Un autre mot fondit sur moi, tel un vautour, via ma mémoire : « solénoïde ». Souvenez-vous. Le professeur de physique vient d'annoncer une interrogation orale. La classe se tait, terrorisée. Chacun pique du nez et contemple comme jamais les œuvres d'art gravées sur son pupitre. Le tortionnaire sort sa liste. S'il est vicieux, son œil circule longtemps parmi les noms des candidats au supplice. S'il est paresseux, il s'arrête au A. C'est l'une des raisons qui m'ont fait changer de patronyme.

Cette malheureuse réminiscence écartée, j'envisageais la suite, ce jeudi-là, avec sérénité, protégé que je me croyais par la première lettre de mon pseudonyme. O. Quatorze la précèdent.

Onze la suivent. Parfait anonymat.

Puisque me voici, à ce haut bureau, vous avez deviné que notre Perpétuelle a su déjouer mes pauvres ruses. Et que désormais pour moi, « vertu » s'ajoute à « solénoïde » dans la poubelle des mots abhorrés, avec « problème », « interface », « traçabilité » et « mise en examen ». Situation très courue, dans laquelle je me trouve aujourd'hui, désarmé, devant vous.

Vertu, décidément mauvaise nouvelle !

Quand, dans une vie, vient l'heure de s'en préoccuper, c'est généralement qu'il est presque trop tard. Avant le grand déménagement vers l'au-delà, on s'achète à la va-vite un visa en cultivant la repentance. Et notre Compagnie ayant quelques ressemblances avec un ordre, je ne serais pas étonné que notre Mère supérieure, par ailleurs Perpétuelle, connaissant mes péchés, leur gravité et leur diversité, ne m'offre, dans son affectueuse bienveillance, l'occasion du repentir, degré nécessaire, comme l'on sait, vers le salut éventuel.

Touché, au fond du cœur, par ce souci que cette Perpétuelle a de mon éternité, je vais tenter ce parcours si généreusement imposé. Non sans vous avouer ma constatation désolée : on ne change pas les rayures du zèbre. Et aussi ma conviction obstinée : la seule façon de préparer la mort, c'est vivre. Vivre encore et toujours. Vivre jusqu'à plus soif. Vivre sans économie ni repos. Vivre au risque de la faute, au délice même de la récidive.

Rarement plus piètre vertueux — et mes parents, ici présents, ont les dossiers — rarement plus piètre vertueux vous aura entretenu de la vertu. Maintenant que vous voilà prévenus de l'imposture, le spectacle peut commencer.

Il était une fois Paul Morand, désolé par ces deux syllabes, Vertu.

« Il est difficile, pour des écrivains, de représenter et d'animer la Vertu. La Vertu attend la majuscule, provoque la sécheresse du singulier, les vices foisonnent sous l'exagération magique du pluriel. »

On comprend Morand.

Indigeste concept, pesant Commandeur, que cette Vertu-là. Incarnation du Bien, mâtinée de viril courage. Moins de la morale que de la statuaire. On prend la pose. On se la joue belle âme et donneur de leçons, en se moquant des conséquences. Ainsi de l'ingérence, trop souvent, dont on ne mesure pas les suites ni l'enfoncement dans les profondeurs du Temps.

Ainsi des blocus dits démocratiques, comme à Cuba, comme en Irak. Rien de plus efficace pour affamer les peuples et conforter les dictateurs.

Vertu !

Je me méfie, comme de la peste, des gens qui n'ont qu'un seul mot à la bouche. Leur obsession fait ventre de tout, y compris des arrangements les plus indéfendables.

À ces monopoles malsains, comme tous les monopoles, je préfère, en lecteur de plus en plus admiratif de Montesquieu, l'affirmation et la confrontation de quelques principes forts et de quelques fonctions claires. À tout pouvoir, contre-pouvoir. À toute certitude, sa part de doute et de respect. La liberté de la presse ? Bien sûr ! Mais aussi, et en même temps, le secret de l'instruction ! Quelle est cette vertu, qui, sur la foi d'informations illégalement transmises, traîne dans la boue en première page et ne consacre au non lieu éventuel qu'une brève hypothétique ?

Ce n'est pas parce qu'une pantalonnade, la cohabitation, caricature la politique qu'il faudrait oublier que l'équilibre des forces, garantie par le Droit, est le seul cœur possible de la physique sociale. Mais, vous le voyez, vous l'entendez, à traiter de Vertu, on emploie vite le ton vertueux, celui de la grandiloquence.

Laquelle tient table ouverte, comme chacun sait, au Café du Commerce.

Revenons vite à Paul Morand.

Et d'autant plus joyeusement qu'il a tort. Trop gourmand de voyages et d'univers nouveaux, il n'a pas pris le loisir de s'apercevoir que la famille Vertu a autant de rejetons que la famille Vice.

Une telle découverte apaise.

Un autre monde paraît, dont l'atmosphère étouffe moins, et dont les catégories sont plus utiles à qui veut donner à sa vie plénitude et saveur.

Les ouvrages spécialisés, dans lesquels je me suis promené avec profit et volupté ces derniers jours, distinguent une grosse vingtaine de vertus, dont, je vous le rappelle, les trois théologales (la foi, l'espérance et la charité), ainsi nommées car considérées comme surnaturelles, cadeau gracieux du Très-Haut. Et les quatre cardinales, dont l'appellation indique qu'elles soutiennent toutes les autres : la justice, la prudence, la force et la tempérance.

Ce bourgeonnement vertueux me suggère de prolonger la noble idée du conseiller de Montyon, inventeur en 1783 de notre tradition du discours. Chaque année, chaque académicien aurait pour tâche d'exalter une vertu particulière. Si bien qu'au lieu de les regarder suivre, comme aujourd'hui, plutôt goguenards, mon propos, vous les verriez, vous nous verriez tous côte à côte, derrière une table nettement allongée, célébrer un à un, et non sans contradictions, tous les pilotis moraux de notre société.

Avouez que la France, qui manque tant de repères, y trouverait son compte.

Il était une fois une mèche et un souffle. Il était une fois un professeur qui, à peine assis, inspirait, ouvrait la bouche et ne la refermait et puis n'expirait que sonnée la fin du cours. Pendant ce temps, tout ce temps, des expressions lumineuses voletaient dans la salle, comme des papillons insaisissables et venaient nous picoter l'intellect et nous réveiller le cœur. Pendant ce temps, tout ce temps, la mèche tombait et retombait, comme pour battre la mesure de cette merveille de musique verbale.

La mèche, le souffle et le professeur portaient le même nom. Vous avez reconnu Vladimir Jankélévitch.

Ainsi, au lieu de discourir sur le mot, nous retrouvons la volonté même du conseiller de Montyon, celle de récompenser l'auteur d'un acte de vertu, « homme ou femme », qui ne pouvait être « d'un état supérieur à la bourgeoisie » et, si possible, choisi « dans le dernier rang de la société ».

Je ne sais quel « rang » social on aurait pu attribuer à Vladimir Jankélévitch. Mais ses quarante années de voyages incessants au pays de la morale méritent, à l'évidence, d'être honorées.

Tout part de Bergson, tellement oublié aujourd'hui alors qu'il est l'un des deux ou trois fondateurs de la pensée moderne. À sa suite, au lieu de combiner sans fin des concepts pour élever un *système*, son système, Jankélévitch va s'intéresser aux expériences personnelles. Comment surgit, en soi, la conscience ? Et toujours fidèle à Bergson, grand philosophe de la durée, au lieu de figer la morale dans le marbre de l'éternité, il va l'éprouver dans la temporalité, c'est-à-dire le mouvement, la fragilité, la contradiction. Rien n'est fait, au royaume de la morale, aucune rente, jamais. À peine fait, tout se défait et reste toujours à faire. Le temps est l'essence de l'Être. Voilà pourquoi c'est la musique, fille du temps, incarnation même de l'éphémère, qui sans doute parle le mieux de l'Être. C'est le « je ne sais quoi », cette part, si fugace, du divin dans l'être humain qu'il s'agit de retrouver, seconde après seconde, et ainsi, à force de vigilance, bâtir son existence, d'instant en instant, comme on saute de pierre en pierre d'un gué.

Pas de plus exigeante que cette philosophie-là, sous ses apparences de légèreté, et pas de plus fraternelle, pas de plus nécessaire à la vie de tous les jours. Combien de fois, affronté à des douleurs ou à des bonheurs trop vastes, ne me suis-je plongé et replongé dans cette mine d'or qu'est le *Traité des Vertus* ?

Jankélévitch nomme, c'est-à-dire distingue, et, ce faisant, crée. Selon la bonne vieille méthode de la Genèse. Qu'est-ce que le courage, la fidélité, la modestie ? Quelles sont les relations de famille entre humiliation et humilité ; gratitude et gratuité ; vaillance et endurance ; pitié, bonté, justice et charité ? Quelles différences opposent le *vous* du respect au *tu* de l'amour ? Comment se développe en soi l'empire du mensonge ?

Il faut se plonger dans Jankélévitch comme dans un livre d'heures. Il faut le consulter comme un plan, au fil du parcours. Cette morale est de la géographie, cette philosophie de la cartographie. Une cartographie qui réussit le prodige d'allier exactitude et mouvance, rigueur et liberté. Et ainsi surgit, peu à peu, texte après texte, le portrait de la conscience. Ainsi se précise le chemin déjà tracé par Saint-Augustin

: « *Aime et fais ce que tu veux.* »

Un autre professeur me fut donné, un jour de décembre, j'avais dix-sept ans.

Il était une fois Georges Perros, précédemment acteur, compagnon fraternel de Gérard Philippe, réfugié à Douarnenez pour aimer mieux et mieux lire dans le silence, pour guetter la mer et les jours. Lui aussi nommait, comme on balise. Je me souviens d'une distinction, dont il me fit cadeau. « Dans la volonté, on serre les dents. Dans l'énergie, on plonge au fond, on arrache la cause du malheur et l'on remonte en surface pour vivre. » *Papiers collés*, *Poèmes bleus*, *Une vie ordinaire* sont, comme le *Traité des vertus*, autant de manuels à ne jamais quitter. Ils prouvent, s'il en était besoin, que la morale est lexique et grammaire. Et que toute grande langue porte en elle les outils du métier de vivre. Et que, par voie de conséquence, la mort d'une langue est un déclin de l'humain.

Je me souviens des toutes dernières semaines, décembre 1977, à l'hôpital Laennec. On lui avait retiré la moitié de la gorge. Lui, l'homme des plus riches et généreuses conversations, ne pouvait plus articuler un mot. Il inscrivait ses phrases sur l'ardoise magique des enfants. Comme je m'inquiétais de savoir si, pour calmer la peur et la douleur, on lui donnait les pilules ad hoc, ses yeux me reprochèrent ma faiblesse et mon imbécillité. Il écrivit ces mots, qui restent comme une devise.

« Je n'accepte rien ; la fin, c'est trop intéressant. »

Cette leçon, je ne l'ai pas oubliée : il y a aussi de la chevalerie dans la vie quotidienne.

Soyez remerciée, Madame notre Secrétaire perpétuel et Mère supérieure. Non pour mon espoir de salut qui, j'en ai peur, n'a, malgré l'appui de Vladimir et de Georges, guère progressé depuis dix minutes. Mais rien de tel qu'un éloge de la Vertu pour redonner envie de retrouver au plus vite un pays qui m'est plus naturel : roman. N'était la politesse, qu'a tenté de m'inculper, pardon, je voulais dire inculquer, ma mère, je vous planterais là. Tous. Pour retrouver mon ébauche de chapitre VII où l'héroïne, justement, la cède, une fois de plus et pour pas cher, sous le soleil de l'Afrique et le regard complice d'une gazelle de Grant, sa vertu.

Erik Orsenna (discours sur la Vertu : Académie Française, 30 novembre 2000)

Il est des textes qui se suffisent par eux-mêmes

et qui vivent à travers l'espace-temps qu'ils sont contraints de parcourir. Avec un avantage sur nos conditions humaines : les délices de la conservation.

" Le muet langage des rides est, hélas !, un langage universel, et chacun le comprend sans avoir fait d'études... " Vladimir Jankélévitch, (" La Mort ", Flammarion).

- 7 -

Claudius Brosse

Préfet de région puis Trésorier-Payeur-Général et grand Ami

De la rectitude en démocratie et de la complexité des luttes contre les fraudes en tous genres.....

" Un préfet ne peut pas se faire que des amis, et j'irai plus loin : s'il a trop d'amis et de gens qui disent du bien de lui, il y a une présomption, c'est qu'il ne fait pas son travail correctement.

Il faut savoir pratiquer le compromis dans les affaires courantes, mais rester intransigeant sur l'essentiel ".

Claudius Brosse (" L'Etat dinosaure ", 2000,
Albin Michel, page 110).

" Répondez à l'inimitié par la rectitude, et à la
Vertu par la Vertu "

Confucius (" Les entretiens ").

- 8 -

Hélène Grimaud

Une pianiste qui touche au cœur des Libertés
publiques

Comme l'indique et le démontre l'émerillonné
Jacques Attali ("Devenir soi ", 2014, Fayard),

les artistes sont " les fers de lance " de la société.

Hélène Grimaud, femme d'esprit autant que personnalité attachante, est une pianiste qui touche au cœur de la question centrale, maintes fois soulignée par l'éminent René Cassin, des Libertés publiques.

" Mais le silence ? Oui, ce silence à rendre sourd... Je ne voulais plus y réfléchir. Je voulais aller au lac, boire tout mon saoul, et préparer mes affaires pour, le lendemain dès l'aube, rentrer à Vienne et en finir avec ce désastreux voyage. Ce qui m'arrivait me déplaisait, et j'avais dû, de surcroit, dans mes excès compulsifs de solitude, l'inventer. Encore une profonde respiration. Je remontai mon col, poussai le battant de bruyères et sortis à l'air libre. Et là, je me figeai. Devant le seuil de ma tanière, parfaitement visible, parfaitement profonde, bien dessinée dans la terre détrempée par la pluie et l'humidité, se détachait l'empreinte unique, précise et pointue d'une patte de loup ".

Hélène Grimaud (" Retour à Salem ", 2013, Albin Michel, page 183).

Le loup ?

Dans les sociétés modernes – au sens d'entreprises – bien souvent le propos de Hobbes (*Homo homini lupus*) est vérifié. Voir le délicat sujet du harcèlement ou les contours piquants de la notion de lanceurs d'alerte.

Pourtant, il existe des firmes respectueuses du fait social, des contingences humaines : *Homo, sacra res homini.* Sénèque : Lettres à Lucilius, XCV, 33.

Le débat sur les formes salariales (voir Robert Castell) est vite un débat sur la question des Libertés publiques (Apple et conservation d'ovocytes...) et avait été admirablement posé par Jean de La Fontaine dans " Le Chien et le loup " :

- Attaché ? dit le Loup : vous ne courez donc pas

Où vous voulez ? - Pas toujours ; mais qu'importe ?

- Il importe si bien, que de tous vos repas

Je ne veux en aucune sorte,

Et ne voudrais pas même à ce prix un trésor. »

Cela dit, maître Loup s'enfuit, et court encore.

Concrètement, le concept éprouvé valablement d'intrapreneur nous parait une piste féconde pour relancer un paramètre-clef : celui d'aller au travail pour y rencontrer sa passion, celle qui fait se dépasser soi-même.

Pour ceux qui ont un emploi, évidemment.

- 9 -

Denis Diderot

Phare parmi les Lumières

" Je pense que nous avons plus d'idées que de mots.

Combien de choses senties et qui ne sont pas nommées ! ".

Encyclopédiste Denis Diderot. (Pensées, 1746)

Oui, il est aisément vérifiable que l'être humain sait être un "geyser à idées" (surnom donné à Louis Armand par le général de Gaulle) mais notre géothermie intime est fort imparfaite et souffre d'auto-censure, donc d'un besoin d'abréaction.

– 10 –

Elie Barnavi

L'appel trans-religieux à la tolérance

Entre la démocratie et la théocratie recherchée par d'aucuns au prix d'un viol de leur propre Texte sacré, il y a un mur.

Puisse-t-il être, le plus longtemps possible et dans le plus de pays, un " Mur de la Paix " comme celui qui est en vis-à-vis symbolique de la belle Ecole militaire, dans le prolongement du Champ de Mars qui vit se tenir la Fête de la Fédération.

" Les Ecritures sont des auberges espagnoles, on y vient avec ce qu'on a et l'on y trouve ce qu'on veut. En langage savant, cela s'appelle l'exégèse comme Monsieur Jourdain faisait de la prose. N'en déplaise aux fondamentalistes, eux-mêmes interprètent les textes, ne serait-ce que par les choix qu'ils y opèrent ".

Elie Barnavi, (" Les religions meurtrières", 2006, page 47, Flammarion)

François Furet

Réformisme ou Révolution

Pour l'historien François Furet, surnommé la " sentinelle mélancolique " par Le Monde, la Révolution est d'abord une victoire de la volonté. Et souvent la déroute des illusions voire des rêves d'un peuple alors pris de fièvre.

Le fait historique révolutionnaire est une tentation en temps de crise, l'idée du " tous pourris " fait son chemin et ici et maintenant, il faut des forces tranquilles pour tenir les rênes de la modération sociétale, du réformisme sincère mais respectueux de l'Autre.

Car qui songerait à nier que la Révolution charrie ses alluvions de violences et d'inégalités. Elle ne rime pas avec sens de la mesure démocratique même s'il est patent que la France a posé un acte fondateur en 1789.

Il faut lire et relire François Furet lorsqu'il pose comme une des causes des maux français des variables économiques dégradées comme, par exemple, les exportations. Sans forcer le trait, on peut y voir des similitudes avec l'impact de la crise qui s'étire en longueur et érode notre économie et le destin de nos concitoyens.

Alors réformisme ou Révolution ? 2017 ou avant ?

La situation est aussi tendue que fragile, la population aussi fragilisée que tendue.

Une chose est sûre, le mot de Bertrand de Jouvenel (in " La République des camarades ", Grasset) fait sens : " Michelet appelait la République une grande amitié. (...) Les temps sont changés : la République n'est plus qu'une grande camaraderie ".

De surcroît, cette camaraderie que d'aucuns nomment le nouvelle noblesse d'Etat honore, in concreto, le propos de Saint-Just : " Une

République est difficile à gouverner, lorsque chacun envie ou méprise l'autorité qu'il n'exerce pas. " (in " Fragments sur les institutions républicaines ").

Confrontée à cette réalité historique, la France voit nombre des membres de son corps électoral rejoindre un vote usuellement qualifié d'extrême.

C'est un sujet complexe pour sociologues autant que politologues.

Economiste indépendant, je verse au débat ce jugement opportun autant que pertinent de Vercors (in Ce que je crois, Grasset)

" Il apparaît ainsi que le premier devoir de tout régime social c'est de permettre au plus grand nombre de citoyens de faire fonctionner leur cerveau dans les meilleures conditions possibles ".

L'intelligence du cœur pour la Patrie, celle des " prêtez-moi deux neurones " pour la République et celle – hélas - assez en berne pour l'Europe, notre Europe.

- 12 -

Guy Carcassonne

Un départ prématuré pour un esprit libre

Remarquable Professeur de droit constitutionnel, Guy Carcassonne a écrit dès 1980 dans la Revue Pouvoirs (livraison n° 13) :

" Organe impartial statuant sur le seul fondement du droit pour les uns, le Conseil constitutionnel ne serait, pour d'autres, qu'une instance composée et agissant sur des critères politiques. (...) En d'autres termes, le débat se livre sur des positions de principe auxquelles chacun trouve des justifications a posteriori ."

" L'inventaire des variables, pour échapper à l'arbitraire, exige de celles que l'on retient qu'elles soient à la fois objectives dans leurs manifestations et politiques dans leurs implications. Au regard de ces critères, nous n'en avons pu retenir que trois qui seront autant d'hypothèses à vérifier : 1. la proximité d'une consultation électorale importante; 2. le rapport des forces politiques; 3. l'appartenance des auteurs de la saisine, influencent-ils la décision du Conseil ? "

De facto, la question de l'avenir du Conseil est posée par des idées de " tabula rasa " qui trottent dans plus d'un programme politique.

Gouvernement des juges à éradiquer derechef ou maillon de la défense des Libertés publiques ?

Le lectorat, en sa sagacité, tranchera

- 13 -

Un économiste indépendant

" Un goût prononcé pour la face Nord "

Selon Simon Nora, j'aurais donc un " goût prononcé pour la face Nord ".

Ses propos tenus en 1984 après un aléa de santé qui nous avait – ô combien –rapprochés ont une certaine saveur à la lumière des décennies qui se sont écoulées depuis.

Je suis l'obligé de cet homme, de ce Directeur d'une Ecole Nationale d'Administration où les talents avérés et tangibles sont trop souvent dévorés par l'ambition.

Pour ma part, comme on dit dans le Morvan dont ma famille est issue, je veux bien " aller haut mais pas être de la haute " car les phénomènes d'élite ont le don de ne pas toujours répondre à mes exigences citoyennes.

On dit un tel débordé et assailli par tant de dossiers qu'il traîne – néanmoins -dans le " village " de Roland-Garros. Je préfère flâner avec des amis et amies ou des livres sur les chemins du Mont Beuvray ou au bord du lac des Settons.

Etre ensemble et être soi-même est la belle devise (de la Comédie-Française) qui complète ma vie de labeur.

Economiste indépendant, j'ai écrit sur la crise bancaire au point de susciter le regard intéressé de personnalités de la BCE : oui, la crise est venue de la finance, oui elle y stagne et rien ne panse la plaie tandis qu'il est difficile de penser demain.

Les stress tests bancaires posent question.

Les spécialistes le savent.

La crise est encore devant nous puisque la vague de progrès technique attendue d'ici à 2025 sera récessive d'emplois. On va bien vers les " usines sans bras " décrites par Alfred Sauvy.

J'aime notre pays et je crois au destin collectif de sa population mais j'ai des nœuds d'inquiétude. La crise est si rude pour la multitude.

Pierre Mendès France a su écrire une phrase aussi simple que dense : " La démocratie est d'abord un état d'esprit " (in " La République moderne ", Gallimard, 1962).

Alors que les esprits qui ont pour mission de diriger ou d'administrer l'Etat se souviennent que la démocratie peut connaître la tragédie.

D'ailleurs, pour Jacques Maritain, la cause est entendue : " La tragédie des démocraties modernes est qu'elles n'ont pas réussi encore à réaliser la démocratie ". (in " Christianisme et Démocratie, P. Hartmann).

Quantum valeat

- 14 -

Louis Massignon

Erudit et orientaliste

Disparu en 1962, Louis Massignon fût revêtu du beau nom de " catholique musulman " par le Pape Pie XI.

Erudit, il aura évité les rendez-vous en préfecture qui ont matérialisé les prises de parole lors du débat sur l'identité nationale qui auront, in fine, alimenté clairement les perceptions communautaristes en France.

Dans " Présence de Louis Massignon, hommages et témoignages " (Maisonneuve & Larose, 1987), on peut lire en page 89 que " la Déclaration du 28 octobre 1965 sur les relations de l'Eglise avec les religions non chrétiennes (...) commence par assurer que l'Eglise considère *avec estime* les musulmans ".

Dans la livraison n°4124 de la Revue Etudes (Avril 2010), on peut lire un texte du philosophe Bernard Sichère intitulé " A propos de la fraternité abrahamique " dont le suc se trouve dans " Ecrits mémorables " (Louis Massignon, Bouquins, Robert Laffont, 2009).

En pèlerinage à Hébron, l'érudit Massignon déclare : " Je tiens beaucoup à aller là : c'est la tombe d'Abraham, le patriarche des croyants, juifs, chrétiens et musulmans, et c'est aussi le premier héros de l'hospitalité, du droit d'asile. Je pense que les problèmes du début de l'humanité sont ceux qui se poseront à la fin, spécialement celui du caractère sacré du droit d'asile et celui du respect de l'étranger. " (in " L'Hospitalité sacrée, page 62, 1987).

D'évidence, il y a conflit entre cette France " qui ne peut accueillir toute la misère du monde " (Michel Rocard) et notre tradition laïque du droit d'asile dont les fondements remontent –

mezzo voce – à Abraham.

Le débat est complexe et prendre le calame pour rédiger une loi de réforme crédible et appropriée du droit d'asile n'est pas chose aisée.

Raison de plus pour respecter l'Autre et " avoir de l'estime " pour lui.

- 15 -

André Malraux et Jean Moulin

Culture et courages

Les vies d'André Malraux et de Jean Moulin sont marquées des sceaux respectifs de la culture et du courage. Mieux des courages personnel et politique.

Francis-Louis Closon, - que j'ai eu l'honneur et le plaisir de bien connaître -directeur des finances de La France libre à Londres (puis co-fondateur de l'INSEE) respectaient ses deux sillons dont le sillage m'impressionne.

Il manque parfois à la France de fortes voix qui

pourraient alimenter le débat public par des actes ou des idées.

MM. M &M, Messieurs Malraux et Moulin, ont été réunis par la parole du premier s'inclinant devant le second face au Panthéon.

" Monsieur le président de la République,Voilà donc plus de vingt ans que Jean Moulin partit, par un temps de décembre sans doute semblable à celui-ci, pour être parachuté sur la terre de Provence, et devenir le chef d'un peuple de la nuit. (...) La force des appels de juin 40 tenait moins aux « forces immenses qui n'avaient pas encore donné », qu'à : « Il faut que la France soit présente à la victoire. Alors, elle retrouvera sa liberté et sa grandeur. » La France, et non telle légion de combattants français. C'était par la France libre que les résistants de Bir Hakeim se conjuguaient, formaient une France combattante restée au combat.

(...) Jean Moulin n'a nul besoin d'une gloire usurpée : ce n'est pas lui qui a créé Combat, Libération, Franc-tireur, c'est Frenay, d'Astier, Jean-Pierre Lévy. Ce n'est pas lui qui a créé les nombreux mouvements de la zone Nord dont l'histoire recueillera tous les noms. Ce n'est pas lui qui a fait les régiments mais c'est lui qui a fait l'armée. Il a été le Carnot de la Résistance.

(...) La police allemande. Assez vite, celle-ci apprend qu'elle tient le chef de la Résistance.En vain. Le jour où, au fort Montluc à Lyon, après l'avoir fait torturer, l'agent de la Gestapo lui tend de quoi écrire puisqu'il ne peut plus parler, Jean Moulin dessine la caricature de son bourreau. (...) Comme Leclerc entra aux Invalides, avec son cortège d'exaltation dans le soleil d'Afrique et les combats d'Alsace, entre ici, Jean Moulin, avec ton terrible cortège. Avec ceux qui sont morts dans les caves sans avoir parlé, comme toi ; et même, ce qui est peut-être plus atroce, en ayant parlé ; avec tous les rayés et tous les tondus des camps de concentration, avec le dernier corps trébuchant des affreuses files de Nuit et Brouillard, enfin tombé sous les crosses ; avec les huit mille Françaises qui ne sont pas revenues des bagnes, avec la dernière femme morte à Ravensbrück pour avoir donné asile à l'un des nôtres. Entre, avec le peuple né de l'ombre et disparu avec elle - nos frères dans l'ordre de la Nuit.

(...) Aujourd'hui, jeunesse, puisses-tu penser à cet homme comme tu aurais approché tes mains de sa pauvre face informe du dernier jour, de ses lèvres qui n'avaient pas parlé ; ce jour-là, elle était le visage de la France. "

(*19 décembre 1964.*)

16

Pierre Bourdieu

La nécessité de réformer l'Etat

Nikos Poulantzas était un philosophe et sociologue des années 80 qui a cherché à donner du sens à la notion d'eurocommunisme défini comme un socialisme à visage humain.

Son livre " La crise de l'Etat " paru aux PUF en 1976 comporte quelques pages d'une grande lucidité.

Parallèlement, il insistait sur le décrochage entre les intérêts des grandes firmes et ceux de l'Etat. Si l'on songe à l'optimisation fiscale de certains groupes du CAC 40, on perçoit l'acuité du message, en ces temps de disette budgétaire et lourdeur de la charge fiscale.

Pierre Bourdieu, dans ses Leçons au Collège de France s'inscrit dans une ligne plus adjacente que parallèle. Voir l'extrait ci-dessous du cours du 22 décembre 1991.

" Je vais terminer – c'est vraiment la fin cette fois-ci, mais je n'arrive pas à finir, parce que j'ai encore beaucoup à dire et que j'aurais pu parler encore très longtemps. J'ai lu récemment un article de Hellmut Brunner (ndlr : égyptologue allemand) sur la crise de l'Etat égyptien antique intitulé : " La réponse de la religion à la corruption en Egypte ". Je vous livre simplement l'essentiel de cet article : à partir de l'hérésie d'Amarna (ndlr réforme religieuse introduite par Aménophis IV / Akhenaton qui, en lutte contre le clergé, imposa le culte exclusif du Dieu soleil au détriment du reste du panthéon égyptien), on voirt apparaître une sorte de dissolution de l'esprit de service public, de l'idée de volonté divine associée à l'idée de l'Etat. La dissolution de la conviction que l'Etat est juste, qu'il exprime le divin, s'accompagne de deux phénomènes apparemment sans lien : d'une part, le développement de la corruption (ndlr voir chapitre 7 dédié à Claudius Brosse) et d'autre part, le développement de la piété personnelle. Aujourd'hui, on parle beaucoup de " retour du religieux ", et j'ai pu constater moi-même que, dans les régions sinistrées par la crise, comme la région de Longwy, où les gens ont perdu tout espoir en tout recours politique, syndical, on voit des formes de retour au religieux, qui, selon cet article consacré à l'Egypte, sont une des formes dans lesquelles se manifeste le désespoir, non pas à l'égard de la politique, comme on dit aujourd'hui, mais de l'Etat. "

Le quinquennat (au lieu d'un septennat non renouvelable) a rendu le présidence relative. Concomitamment, la crise économique et sociale a rendu l'Etat " tangent " selon notre dénomination issu d'un évènement de 1962.

Lors de l'attentat du Petit-Clamart, le Général de Gaulle a dit aux occupants de la DS mitraillée : " Cette fois-ci, c'était tangent ".

Oui, notre Etat est hélas devenu tangent, il ne rentre plus avec vigueur dans les questions et souffrances que subissent les gens.

Les gens ? Vous vous souvenez, les électeurs !

17

Georges Pompidou

La polysémie du mot histoire

Un texte de Georges Pompidou sur " Poésie et politique " a été lu le lundi 28 avril 1969 par Jacques Toja, lors d'une soirée poétique de la Comédie-Française.

Plusieurs passages méritent d'être soumis à votre lecture.

" Ayant, à l'invitation très aimable de M. Maurice Escande, accepté de présenter cette soirée littéraire, j'ai cherché un thème directeur. Par le choix que j'ai fait, j'ai voulu en quelque sorte m'obliger à un effort de réflexion sur moi-même. Il est admis, généralement, que je fais de la politique. Par ailleurs, j'ai non seulement du goût, mais une vraie passion pour la poésie. La question que je me suis posée était donc celle-ci : y a-t-il deux hommes en moi, comme dit le psaume, un qui aspire à Dieu, je veux dire à la poésie, et un autre qui succombe à la tentation diabolique, je veux dire à l'action politique, ou bien peut-on soutenir que poésie et politique sont, disons, conciliables?

Cherchant la réponse, j'ai été conduit non seulement à m'interroger sur les domaines respectifs du poète et de l'homme politique et sur les motifs qui les inspirent et les guident, mais à jeter un coup d'œil sur le passé pour déterminer ce qu'on été les rapports entre poètes et politiques. Plus exactement quelle a été l'attitude des poètes au cours de l'histoire par rapport à la politique.

Ce sont les résultats de cette petite enquête que je me permettrai d'exposer sommairement, en les illustrant d'extraits de nos poètes, en vers ou en prose, ce qui vous donnera le plaisir d'applaudir quelques beaux textes, je l'espère, et quelques grands comédiens, j'en suis sûr.

Au premier abord, chacun est tenté de penser que poésie et politique s'opposent fondamentalement. «La politique, hélas, voilà notre misère!» écrit Musset.

On confond volontiers la politique avec le réalisme, quand ce n'est pas avec la bassesse, cependant que la poésie paraît du domaine du rêve et en tout cas de l'idéal. D'ailleurs, les poètes qui se sont risqués dans la politique y ont rarement réussi, que ce soit Lamartine, ou même Hugo, ou encore Chateaubriand. Les uns comme les autres ont été condamnés très vite à se trouver dans l'opposition, ce qui en politique est le signe de l'échec. Non pas que l'opposition soit une attitude critiquable, mais enfin celui qui accepte les inconvénients de la vie politique, ses servitudes, ses responsabilités, ses salissures et parfois ses risques, le fait pour agir, pour imprimer sa marque aux événements, en un mot pour gouverner. Passer sa vie dans l'opposition est pour un homme politique ce que serait pour un poète se condamner à lire et à juger les vers des autres. En somme, l'opposant est voué à faire des anthologies. (...)

Et pourtant, si nous nous reportons aux sources, je veux dire au grec, et que nous cherchions la traduction du verbe «faire» nous trouverons deux possibilités : *poiein* qui a donné *poiesis* - donc poésie -, et *prattein*, qui a donné *praxis*, c'est-à-dire action. Autrement dit, poésie et action sont pour les Grecs, nos premiers maîtres à penser, deux formes de l'activité créatrice.

Certes, elles ne s'appliquent pas au même objet et n'usent pas des mêmes armes. L'une est un art et travaille avec des mots. L'autre s'attaque à l'événement et se sert des hommes. Mais enfin pour les Grecs et même pour toute tradition poétique jusqu'à une date récente, les mots ont un sens et donc les poèmes une signification, de portée. Et quant à l'action politique, n'a-t-elle pas, elle aussi, le verbe comme instrument privilégié, et n'est-ce pas avec des mots que l'on entraîne les hommes.

En fin de compte, il y a chez quelques hommes - je ne parle que des grands - une sorte de don magnétique. Certains savent le faire passer dans les mots, qui sont poètes, en vers ou en prose. D'autres s'en servent pour guider un peuple et l'entraîner vers une Terre promise. Des uns et des autres, la prospérité rappelle indéfiniment les œuvres et les exploits.

L'ennui est qu'un pays peut se passer momentanément de grands poètes car il détient ce que le passé lui a légué. La gestion des affaires publiques, elle, ne souffre point d'interrègne. Et c'est pourquoi dans la vie des nations alternent la grandeur et la médiocrité. Dans ce dernier cas, il ne leur reste qu'à se consoler en se rappelant que les peuples heureux n'ont pas d'histoire. Du moins, c'est ce qu'on dit. "

Ce texte de l'ancien président Pompidou renvoie presque à un Texte plus ancien : " Au commencement était le Verbe ".

Il nous invite à la réflexion entre le poète et le politique, entre Jean-François Deniau et Jacques Chirac pour faire volontairement court, entre François Mitterrand et Valéry Giscard d'Estaing pour faire plus complexe.

La phrase sur l'ineptie de l'interrègne dans les affaires publiques demeure savoureuse et intéresserait Olivier Duhamel ou feu le Doyen Georges Vedel.

Quant à la conclusion : " les peuples heureux n'ont pas d'histoire ", elle lance un débat sur la polysémie du mot histoire. Ces peuples heureux seraient-ils voués à être sortis de l'Histoire ou à l'inverse à savoir esquiver les histoires, les embrouilles en somme.

La France de 2015 est encore brouillée avec certaines zones grises ou noires Soulages de son histoire. Elle est encore barbouillée du festin que l'Histoire lui impose avec une fourchette qui pique ses envies de grandeur.

De là à sauter dans le tender du mot déclin et à alimenter la locomotive des angoisses collectives, il y a un pas que l'esprit du Rassemblement du 11 Janvier 2015 illustre de manière éclatante.

Par exemple, la question du poids de la dépense publique (57% du PIB) mérite analyse. Ce chiffre n'est pas revêtu de rectitude intellectuelle car il agglutine toutes les dépenses publiques et omet ainsi de soustraire les impôts qui seront collectés du fait de cette dépense.

Le traitement des fonctionnaires est dans les " 57% " mais il y a lieu de défalquer ce que ces travailleurs payent en impôt sur le revenu, en TVA, en taxes foncières, etc. Vous n'êtes plus à 57% du PIB en net.

Même remarque pour les investissements des collectivités territoriales qui font vivre bien des PME qui, elles aussi, sont assujetties à divers impôts.

Loin de moi le fait d'avancer l'idée que ce chiffre de 57% est bénéfique et acceptable mais il serait tellement bien que tant de personnes promptes à stigmatiser le secteur public le calculent en net, soit après déduction de la contribution fiscale du secteur public....

L'économie politique, ce sont des mots et des chiffres pas des saillies lyriques à portée médiatique.

18

Jean-François Deniau

Underdog

Au nom des silhouettes qui peuplent – pour ne pas dire hantent – ce livre, je tiens à vous rapporter un extrait de l'ouvrage " Ce que je crois " (1992, Grasset) en sa page 144 : " Je n'ai pas oublié non plus ce que m'avait enseigné ma mère : " Quand tu vois deux chiens qui se battent, par réflexe et sans discuter, tu prends le parti du chien qui a le dessous ". Underdog en anglais. Si j'ai un remords, c'est de ne pas avoir autant qu'il l'aurait fallu, autant que je l'aurais pu, pris position pour l'underdog ".

Cet auteur, que j'ai eu le plaisir de rencontrer, se nommait Jean-François Deniau.

Je m'interroge à voix haute sur la considération qu'il aurait eu pour notre époque où les vainqueurs – légitimes – de la compétition économique sont parfois fébriles et versent vite dans l'ostentation.

La crise et la mutation qu'elle véhicule supposent un peu de retenue et une forme de tempérance du premier décile de l'échelle des revenus.

Comme l'a écrit un ministre actuellement en exercice et ancien Premier ministre : " Pour beaucoup, la fin du mois commence le 15 ".

L'économie génère des vainqueurs, à nous – champions de la dépense sociale – de proposer des alternatives à ceux qui sont dans le besoin et ont du mal à vivre, pour ne pas dire survivre.

- 19 -

Umberto Eco

Le saphir de la créativité

" *Je ne sais pas si cela vaut la peine de dire ce que je vais dire parce que j'ai clairement conscience de m'adresser à une masse d'idiots à la cervelle liquéfiée et que je suis sûr que vous ne comprendrez rien.*

Ce début vous plait ? Il s'agit d'un cas de *captatio malevolentiae*, c'est-à-dire de l'usage d'une figure de rhétorique qui n'existe pas et ne peut exister, qui vise à s'aliéner l'auditoire et à le mettre dans de mauvaises dispositions vis-à-vis de l'orateur. Entre parenthèses, je croyais avoir inventé il y a quelques années la *captatio malevolentiae* pour définir l'attitude caractéristique d'un ami, mais ensuite, en contrôlant sur Internet, j'ai vu qu'il existe maintenant de nombreux sites où la *captatio malevolentiae* est citée et je ne sais pas s'il s'agit de dissémination de ma proposition ou de polygénèse littéraire, qui se produit quand la même idée vient à différentes personnes en différents lieux et en même temps. " (Umberto Eco, " A reculons, comme une écrevisse ! ", 2006; Grasset, page 53).

L'arrogance et la suffisance additionnées au jargon font légion en économie.

Hélas, trois fois hélas !

– 20 –

Hadj Khelil

Un entrepreneur de la diversité

Hadj Khelil, dans la force de l'âge, a constitué sa petite entreprise (chère à Alain Bashung) dans une zone franche du " 93 ".

Il importe essentiellement des dattes bio issues de la terre de ses ancêtres dans le sud de l'Algérie.

La réussite venue, il a voulu restituer ce qu'il avait reçu en lançant une opération originale et gagnante visant à planter des arbres.

Site : bionoor.com

" Vous achetez des arbres via notre boutique et Bionoor se charge de les planter pour vous dans le désert.

Vous recevez un certificat nominatif, que vous pouvez d'ailleurs faire personnaliser pour une autre personne, en cadeau.

Vous avez la possibilité de choisir un programme précis, ou simplement d'acheter un ou plusieurs arbres, en nous laissant le choix du pays de plantation.

La reforestation est un geste écologique qui permet de compenser nos émissions de carbone.
Nos programmes, menés avec des associations locales, permettent de sensibiliser les enfants à la protection de l'environnement.

A travers des partenaires locaux dans différents pays d'Afrique (Maroc, Algérie, Congo, Sénégal...) nous plantons des arbres dans les écoles. Essences rares en voie de disparition ou « simples » arbres fruitiers, notre action combine :
- Une compensation carbone
- Des bénéfices écologiques plus larges, dans une région où la lutte contre la désertification est essentielle
- Le redéveloppement d'une agriculture vivrière, permettant aux populations locales de vivre du produit de leurs terres
- La sensibilisation des enfants (et à travers eux des parents) aux bases de l'écologie. L'arbre est un être vivant, comme nous.
Vous recevez un certificat de plantation, et vous pouvez suivre sur notre blog (rubrique « Compensation Carbone ») nos différentes actions. "

L'économie de demain sera irriguée par des initiatives de ce genre : loin du déclin, proche de valeurs.

Taine

Avenir et accumulation : le divorce ?

Taine : " Les origines de la France contemporaine ",

(Livre cinquième : " Le peuple ", chapitre 1, V – Bouquins, Laffont, 1986, page 257 dans la réimpression de 1990)

" Quand l'homme est misérable, il s'aigrit; mais quand il est à la fois propriétaire et misérable, il s'aigrit davantage. Il a pu se résigner à l'indigence, il ne résigne pas à la spoliation; et telle était la situation du paysan en 1789; car pendant tout le dix-huitième siècle, il avait acquis de la terre. Comment avait-il fait dans une telle détresse ? La chose est à peine croyable, quoique certaine; on ne peut l'expliquer que par le caractère du paysan français, par sa sobriété, sa ténacité, sa dureté pour lui-même, sa dissimulation, sa passion héréditaire pour la propriété et pour la terre."

Nous sommes face à une mutation qui nous intrigue, nous inquiète et semble noircir notre avenir et donc nos possibilités d'accumulation.

Bien des Français ont peur que leurs enfants vivent nettement moins bien qu'eux alors que des études diverses et complémentaires montrent que le saut technologique qui va caractériser les 20 prochaines années sera source d'une vie plus simple (objets connectés, etc), plus longue, etc.

Mais la question de la transmission du pécule est posée car jamais le capital n'a autant été imposé. Lorsque l'on dit qu'il est normal que le capital soit autant taxé que le travail, cela semble une Lapalissade.

A la réflexion, le capital au sens d'épargne patiemment constituée a déjà subi l'impôt sur le revenu ou l'impôt sur les successions. Ce qui est imposé " comme le travail " a déjà été partiellement imposé ce qui change la vision des choses et démasque une erreur de parallaxe qui coûte un exil fiscal à notre pays.

A l'avenir, une réflexion sur le patrimoine doit être engagée ne serait-ce que sur l'assurance-vie qui est si faiblement orientée vers le financement des fonds propres des entreprises.

- 22 -

697 ministres

Le service de l'Etat : droit comme un " I "

Le Comité pour l'Histoire économique et financière de la France a publié le 13 août 1990 les souvenirs d'un Directeur général des prix (1947-1962), Monsieur Louis Franck sous le titre " 697 ministres ". Le nombre de responsables qu'il aura vu " défiler " (sic).

En page 103, l'auteur nous rapporte le haut sens du service de l'Etat qui régnait alors et tranche avec des idées de livre polémique écrit par un amateur de souliers bien cirés (exemple non limitatif)....

" Bien entendu, cette politique de l'indice multipliait nos frictions avec les services de la statistique chargés de sa mesure et son fougueux Directeur général, Francis-Louis Closon.

J'avais connu Closon au ministère des Finances, peu de temps avant le guerre. Auteur d'une thèse sur la politique financière de Roosevelt, il avait obtenu une bourse Rockefeller et s'apprêtait à partir aux Etats-Unis. (...) Il était donc aux Etats-Unis en 1939-1940 et rejoignit rapidement la France Libre. Délégué du Comité français de Libération nationale en territoire occupé, parachutiste, il y avait effectué de périlleuses missions. A la Libération, il se retrouve Commissaire régional de la République à Lille et bientôt Directeur général de l'INSEE.

(...) C'était surtout un grand caractère qui, dès le début, et avec une inlassable ténacité, défendit l'indépendance et l'objectivité totale de l'Institut face aux cabinets ministériels et aux gouvernements. Calculé par lui, l'indice serait ce qu'il devait être, sans surcharges ni ratures. Il le rappela, le regard brûlant, à certains ministres qu'il mettait hors d'eux, presque autant qu'il était hors de lui. "

Donc, " Vincent " (nom d'emprunt de F-L Closon pendant la guerre) était inflexible et droit comme un " i ", comme le " i " d'indice des prix.

Pour l'heure, une question doit être posée : les contraintes de carrière permettent-elles encore ce type de comportement ?

Une autre question surgit : même si nous chérissons la monnaie unique et la construction européenne, il faut toutefois relever un hiatus entre les hausses de prix détectées par l'INSEE (à valeur officielle, donc) et les relevés de prix faits par les équipes de Serge Papin (Super U), UFC Que choisir ?, TF1 et Jean-Pierre Pernaut, France 2 et François Lenglet, etc.

Les divergences sont significatives et convenons que depuis l'Euro, la vie est plus chère n'en déplaise à certains chers économistes.

- 23 -

Jürgen Habermas

La quintessence de la philosophie

Philosophe allemand contemporain (né en 1929).

Auteur d'une théorie très respectée de la discussion en morale et en droit.

Un de ces grands concepts est " *l'éthique de la discussion* " qui démontre que nos raisonnements et conduites d'action sont moraux s'ils viennent d'une intense discussion intérieure qui doit ressembler le plus possible à une liberté de parole absolue.

La " théorie de l'agir communicationnel " est aussi un ouvrage à recommander.

Selon nous, seule la discussion intérieure, postérieure à l'exégèse des textes à valeur de source, peuvent permettre l'élaboration d'un RHD (raisonnement hypothético-déductif) qui aboutit à l'écriture et à l'énoncé formalisé de la pensée.

– 24 –

Françoise Giroud

L'incessant combat des femmes

Le droit des femmes a progressé.

Pourtant le plafond de verre demeure.

Quant au cumul emploi extérieur et tâches domestiques, il perdure avec insistance.

D'autres luttes sont donc à engager pour tendre vers un société fine comme peut l'être le cas suédois.

Gisèle Halimi, Simone Veil ont fait beaucoup.

Pour notre part, nous retenons Françoise Giroud à valeur de figure emblématique.

Ses faits d'armes sont connus.

Retenons donc un passage essentiel de son livre : " Profession journaliste " (page 64, Hachette, 2001) : " Ne pas oublier que l'écriture est comme la danse, il ne faut jamais arrêter les exercices à la barre. Après une interruption un peu prolongée, la reprise est dure ".

" A l'Express, je n'étais pas seule à effectuer le métier de " réparateur de style ", ainsi défini par Jean-François Revel ".

L'incessant combat des femmes suppose des plumes ardies : Madame Giroud en était une.

" Le vase où meurt cette verveine

D'un coup d'éventail fût fêlé.

Le coup dut l'effleurer à peine :

Aucun bruit ne l'a révélé.

(...)

Personne encore ne s'en doute;

N'y touchez pas, il est brisé. "

Sully Prudhomme, " Stance et Poèmes ", " Le Vase brisé ".

A voir certains comportements récents, à lire les réseaux sociaux, je formule l'hypothèse que le vase soit quelque peu brisé entre femmes et hommes.

Le combat de la conviction paritaire ne saurait tomber parterre.

- 25 -

Marguerite Yourcenar

Une phrase de lumière

" Le véritable lieu de naissance est celui où l'on a porté pour la première fois un coup d'œil intelligent sur soi-même ".

Marguerite de Crayencour, dite Yourcenar, " Mémoires d'Hadrien ", Plon.

Henri Bartoli

Economiste, Humaniste, Juste parmi les Nations

Dans la Revue " Esprit " de Juin 1953, celui qui serait plus tard Doyen en Sorbonne, écrivit en page 947:

" Car tel est le premier paradoxe : au moment où il se voit concéder une certaine participation aux pouvoirs politique et économique, peut-être parce qu'il réalise ses conquêtes en un temps où l'entrepreneur est théoriquement soumis au respect d'une législation du travail et d'un droit économique abondants, peut-être aussi parce qu'il représente une aspiration à l'organisation du chaos capitaliste, certainement parce que, depuis la fin de la première guerre mondiale, il a rallié des éléments modérés (employés, fonctionnaires, cadres, chrétiens), le mouvement ouvrier abandonne de plus en plus l'attitude militante révolutionnaire pour ne plus chercher qu'à obtenir du Parlement le vote de lois favorables aux intérêts qu'il défend, des patrons des concessions en matière de salaires ou de conditions du travail. Il tend ainsi à être absorbé par l'appareil gouvernemental et patronal. Il risque d'être subordonné ".

Dialogue social et Pacte de responsabilité....

- 27 -

Carl Jung & Antoine Riboud

Réflexion, Pensées, Méditation

Antoine Riboud - célèbre pour son incroyable vista - a laissé une sérieuse empreinte télévisuelle : Heure de Vérité avec le regretté François-Henri de Virieu (100ème édition, 1999, archives INA).

Lors de cette émission, il a conté une anecdote : il préférait recruter des personnes qui prennent des bains plutôt que des douches.

Pourquoi ? " parce que sous une douche, on ne réfléchit pas ".

Effectivement, le thème de la réflexion est cruciale en ces temps de mutation, en ces temps " où les identités se décrivent par des trajectoires et non par des positions " (Michel Foucault).

Comment et où réfléchir ?

Chacun a sa madeleine de Proust dans cette affaire intime.

Une chose est acquise ; parfois, nous sommes en capacité de verser dans des pensées peuplées d'images hypnagogiques.

Images hypnagogiques définies par Carl Jung : " qui apparaissent dans la phase intermédiaire entre la veille et le sommeil ou lors du réveil ". (Carl Jung, édition de 1973, Folio, page 337, " Ma vie ").

" Il vaut mieux ne pas réfléchir du tout que de ne pas réfléchir assez " Tristan Bernard, (" Triplepatte ", Librairie Théâtrale).

– 28 –

Philippe Herlin

Economiste

Philippe Herlin, économiste, invite à " se méfier des additions " en page 233 de son livre " Repenser l'économie " (Eyrolles, 2012) :

" Faire une addition est la chose la plus bête du monde, on l'apprend dès la maternelle, mais ce n'est pas une opération neutre loin de là, puisqu'en la réalisant, on efface le réseau justement ! On efface la complexité, les interrelations, les liens de dépendance, la répartition très inégalitaire des entreprises dans un secteur, etc. Comptabiliser 100 milliards de fonds propres pour les banques, c'est oublier le fait que leurs tailles se distribuent suivant une loi de puissance, et donc que la pérennité du système bancaire dépend de quelques-unes.

De la même façon, le bilan (et le compte de résultat) n'est pas une image fidèle de l'entreprise, comme on l'entend souvent, puisqu'en additionnant tout il fait disparaître l'organisation en réseau qu'est toute entreprise avec ses clients, ses fournisseurs, et ses processus internes ".

Ayant eu l'honneur et l'avantage d'être Commissaire aux comptes durant plus d'une décennie, il m'est aisé de conforter ses propos par le fruit de mon expérience.

Ceci à condition de rajouter les éléments hors-bilan particulièrement sensibles dans la banque : " Une activité notable du banquier est la prise ou réception d'engagements significatifs (opérations de hors-bilan) sans qu'il y ait transfert de fonds. Il peut en découler que ces engagements ne génèrent pas d'écritures comptables dans les systèmes généraux. La non-prise en compte de ces éléments peut être difficile à déceler. " Jean-Luc Siruguet, " Le contrôle comptable bancaire ". (Revue Banque Edition : page 86)

Laplanche & Pontalis

La psychanalyse comme lampe torche ?

La notion de compulsion de répétition est centrale dans le texte " Au-delà du principe de plaisir, 1920) au sein duquel Sigmund Freud s'interroge nettement sur les concepts les plus centraux de son œuvre.

" Au niveau de la psychopathologie concrète, la compulsion de répétition est un processus incoercible et d'origine inconsciente, par lequel le sujet se place activement dans des situations pénibles, répétant ainsi des expériences anciennes sans se souvenir du prototype et avec au contraire l'impression très vive qu'il s'agit de quelque chose qui est pleinement motivé dans l'actuel. "

" Dans l'élaboration théorique que Freud en donne, la compulsion de répétition est considérée comme un facteur autonome, irréductible en dernière analyse à une dynamique conflictuelle où n'interviendrait que le jeu conjugué du principe de plaisir et du principe de réalité. Elle est rapportée fondamentalement au caractère le plus général des pulsions : leur caractère conservateur ".

(Vocabulaire de la psychanalyse, page 86, PUF 2007, de Jean Laplanche et de J-B Pontalis).

Le caractère conservateur des pulsions autocensure la créativité des économistes d'autant que l'actuel principe de réalité les éloigne de l'équilibre avec le principe de plaisir.

Dès lors, la compulsion de répétition est un frein à l'intelligibilité de la présente crise économique et sociale.

– 30 –

Gérard de Nerval

Poésie et cicatrices intérieures

" Le Rêve est une seconde vie.

Je n'ai pu percer sans frémir ces portes d'ivoire ou de corne qui nous séparent du monde invisible.

Les premiers instants du sommeil sont l'image de la mort; un engourdissement nébuleux saisit notre pensée, et nous ne pouvons déterminer l'instant précis où le moi, sous une autre forme, continue l'œuvre de l'existence. "

Gérard de Nerval, (" Aurélia ", Folio, 1972, page 291).

- 31 -

Charles Floquet

Politique et bretteur

Charles Floquet est un grand Républicain hélas trop méconnu. Il aura eu une carrière d'une ampleur extraordinaire. Ainsi, il aura été avocat, préfet, député, président de la Chambre des députés, président du Conseil, sénateur.

Homme de belles convictions et attaché à l'intégralité de la devise : " Liberté – Egalité – Fraternité ", il n'hésita pas à se battre en duel avec le sinistre Général Boulanger qu'il parvint à blesser en 1888.

Extrait de son discours du 11 juin 1882 à la distribution des prix de l'Association

Polytechnique prononcé en qualité de préfet de la Seine.

" (....) Préambule : L'association polytechnique, fondée en 1830, par d'anciens élèves de l'Ecole polytechnique pour le développement de l'instruction populaire en France a, pour président le maître conférencier, connu et apprécié de tous les lettrés, M. Henry de la Pommeraye, et pour secrétaire général M. Gastelier, dont le dévouement aux choses de l'enseignement est bien connu. "

" Comme simple citoyen, je n'aurais qu'à me confondre dans la foule des admirateurs de votre institution. Je me sens, je le répète, effrayé d'être appelé à formuler cette admiration, après tant d'hommes éminents, qui ont occupé ce siège avant moi. "

" Une seule chose me frappe cependant, et me paraît digne de réflexion, et c'est cette chose que je veux mettre en relief. Certes, à l'heure présente, lorsque tant d'institutions fécondées par la République, ouvrent grandes les portes de l'instruction, pour tous les citoyens; quand l'enseignement primaire est largement répandu; quand l'enseignement primaire supérieur se développe; quand l'enseignement supérieur des filles, dont, on l'a proclamé avec justice, vous avez été les initiateurs, se fonde; quand, dis-je, toutes ces institutions attirent, de toutes parts et librement, les encouragements, les subventions, les succès (...) la tentative, mes chers concitoyens, n'était pas aussi facile, au moment où l'Association Polytechnique s'est fondée. (...) C'est au lendemain de la première revanche de la liberté dans notre France que quelques hommes (...) qui s'étaient rencontrés dans la bataille contre le despotisme, se réunirent un jour, dans l'Orangerie de Saint-Cloud, dans ce même lieu où s'était accomplie, trente ans, auparavant, l'œuvre de trahison contre la République, au 18 Brumaire, et ils signèrent un pacte de solidarité et d'alliance contre l'ignorance, pour l'enseignement populaire dédaigné.

Frédéric Bastiat

Economiste et libéral lucide

" Il y a trop de grands hommes dans le monde;

il y a trop de législateurs, organisateurs, instituteurs de sociétés, conducteurs de peuples, pères des Nations, etc.

Trop de gens se placent

au-dessus de l'humanité pour la régenter.

Trop de gens font métier

de s'occuper d'elle ".   (La Loi, 1850).

Vers une simplification sociétale et vers une démocratie représentative davantage frugale ?

- 33 -

Jean de Beaumont

Banquier et propriétaire

" Chacun d'entre nous, dans ce vaste concert des mondes, en fonction du peu de temps qui lui est imparti, n'a guère plus d'importance qu'une fourmi dans l'évolution de l'infini.

Avec toutefois cette différence que si la fourmi perd la vie sous une semelle qui passe, pour nous il en va tout autrement lorsque le ciel à son tour nous broie. Nous ne pouvons pas ignorer que la joie de vivre et les seules richesses sont celles qui consistent à avoir beaucoup donné et beaucoup aimé.

Et aussi....ne pas oublier une phrase du Coran qui dit : " Tu réussiras seulement ce que Dieu de permettra de réussir ".

Jean de Beaumont (" Au hasard de la chance ", 1987, Julliard)

- 34 -

François Mitterrand

" Merci à la destinée "

" Aujourd'hui, il y a un changement de président de le République. J'ai rempli ces fonctions jusqu'à ce jour à onze heures. (...) J'aborde la dernière étape de mon existence. (...) Je ne sais pas ce que s'est que la jeunesse, la vieillesse sur le plan de l'esprit, sur le plan des forces intérieures. (...) Je dis plutôt merci à la destinée. "

Bossuet

La Bourgogne et les sermons

" Dans les grandes actions, il faut uniquement songer à bien faire, et laisser venir la gloire après la vertu " a écrit Bossuet lors de son Oraison funèbre de Louis de Bourbon, Prince de Condé.

Bossuet ? Né à Dijon, capitale de feu le Duché de Bourgogne.

En ces temps de remembrement régional...

Table de Teschen

" La table de la Paix "

La Table de Teschen a été réalisée par l'orfèvre allemand Neuber et consiste en une table ronde en bronze doré sur bois avec un plateau orné de

128 pierres précieuses dont il faut noter qu'elles sont, à chaque fois, uniques.

Le nom de cette table vient de la ville où fût signé un traité (1779) clôturant la guerre de succession de Bavière. C'est pour cette raison que l'on trouve des médaillons allégoriques de la Paix issus de la création de Scheneau.

Sur chacun de ces médaillons, on relève des inscriptions latines telles que " Paci Salutiferae " (à la Paix salutaire), " Pace reduci " (la Paix revenue), " Artes pace resurgentes " (les arts relevés par la Paix), " Janus clausus pace parta " (Le temple de Janus est fermé, la Paix ayant été acquise).

Conservée par la famille de Breteuil, cette œuvre objectivement rare devrait être acquise par le musée du Louvre.

Il est émouvant, pour qui songe à la guerre et ses destructions, que la Paix puisse être aussi inspiratrice et générer autant de symboles réunis en un seul objet.

" Il faut faire une paix qui ait la grandeur d'âme de la guerre ".

Henri de Montherlant (Chant funèbre pour les morts de Verdun , Gallimard).

- 37 -

Georges Pompidou

" Plus haut ! "

" Dans ma vie, j'ai tiré trop bas. Quand je devais faire un discours il y avait toujours un conseiller pour me dire : mettez cette phrase, cela fera plaisir à Untel. Ou supprimez cette phrase, elle gênerait Untel. J'ajoutais, je supprimais. Personne au fond ne m'en savait gré, et je m'étais seulement un peu dégradé. J'ai accepté trop de compromis. Refusez. Soyez vous-mêmes. Montez, montez le ton. Visez plus haut. "

Georges Pompidou, dernier Conseil des ministres en date du 27 mars 1974.

38

Raymond Lulle

Erudit, précurseur et passionné

Raymond Lulle est un esprit de grande tolérance mais convaincu de la nécessité de la conversion par la parole. Ici, dans un contexte strictement laïc, nous citons Lulle, le " Doctor inspiratus " (le docteur inspiré) pour ses découvertes qui entrent dans notre champ d'investigation.

Ainsi, " De arte electionis " (1299) exposent des systèmes de vote qui inspireront Condorcet.

Par ailleurs, " Le livre de l'enseignement des enfants " (1233-1316) décrit fidèlement l'exigence de formation intellectuelle, morale et professionnelle des enfants au Moyen-Age.

Loin de notre a priori collectif qui viserait une période d'obscurantisme ou d'éducation religieuse bornée, cette période est un creuset d'idées et de préceptes de bonne résonance contemporaine.

" Le terme d'école publique a été employé au IXème siècle déjà, avec le sens précis d'école libéralement ouverte à tous (...) En 859, les évêques du concile de Savonnières tiennent que les écoles qui, de plus en plus, devront être ouvertes par leurs soins ou celui des princes, seront des écoles publiques et par conséquent ouvertes à tous. " (Emile Lesne, " Histoire de la propriété ecclésiastique en France ", tome V : Lille, 1940).

Oui, nos écoles doivent être ouvertes à tous !

De surcroît, Lulle est influencé par l'aristotélisme lorsqu'il écrit : " L'âme est la forme première du corps organisé ". Les travaux d'Averroès (1126-1198) et notamment " De anima " n'étaient sans doute pas inconnus de Lulle.

Trois pouvoirs sont reconnus à l'âme : la mémoire, l'entendement et la volonté.   " La fantaisie est située dans la chambre qui se trouve dans le crâne, juste au-dessus du front. L'imagination prend des choses corporelles des éléments qu'elle place dans cette chambre. Elle éclaire alors cette chambre pour que l'entendement puisse y saisir ce que l'imagination lui offre ".

Dans son précepte 73, l'auteur énonce : " La rhétorique est la science qui nous enseigne à parler avec aisance et de manière policée. (...) Avec son aide, on apprend à réduire un discours trop long. Fils, si tu veux suivre la rhétorique, commence par donner de beaux exemples au début de ton discours; garde le meilleur pour la fin afin de marquer le cœur de ceux qui auront pris plaisir à t'entendre ". (p. 102, Klincksieck, 2005, " Livre de l'enseignement des enfants ").

Imagination et rhétorique, anticonformisme, trois idées chères à Ivan Illich, plus de six cent ans plus tard.

(Ivan Illich, " Une société sans école ", 1979)

39

Léon Blum

Travail et espoirs

" Salaires et prix de vente étant fixés au niveau des économiquement faibles, c'est à dire les salaires trop bas et les prix trop hauts, on imagine les profits que doivent réaliser et que réalisent en fait les entreprises outillées et organisées à la moderne, travaillant dans des conditions comparables à celles de la grande industrie internationale.

Ces profits démesurés ne pourraient être menacés que par la concurrence étrangère, mais là encore c'est sur la tolérance ou l'intervention active de l'Etat que compte notre capitalisme de monopole et jusqu'à présent l'Etat lui a fait rarement défaut.

Le gouvernement l'a-t-il compris ?

L'annonce du projet de loi sur les ententes industrielles, dont le dessein ne se discerne pas encore clairement à travers les communiqués de presse, est-il de un premier pas dans cette voie ?

Le gouvernement se rend-il compte que le problème de la rémunération ouvrière, dont la solution ne pourra être différée, est lié, je dirai presque subordonné, aux problèmes de l'organisation de la production ?

Je l'espère et je le crois. Je le crois parce que je l'espère."

Léon Blum, dernier article, 29 mars 1950,

" Le Populaire ".

" Je le crois parce que je l'espère " tout comme nous savons tous qu'une politique légitime de l'offre ne peut porter ses fruits que si un soutien à la demande est mené en parallèle.

Sinon, le train de la croissance ne se meut pas sur deux rails (notion keynésienne de propension à investir liée à la demande anticipée) et finit sur le ballast de l'échec.

Le Mur de la Paix. / Champ de Mars, Paris.

www.ingramcontent.com/pod-product-compliance
Lightning Source LLC
Chambersburg PA
CBHW071216280526
45787CB00002B/706